未来への言葉

クリスチャン・エンディングノート

高橋貞二郎、増田 琴 監修

はじめに

増田　琴
日本基督教団経堂緑岡教会牧師

　エンディングノートを手に取られたのは、「もしも」の時に備えておきたいと思われたからでしょうか。病気や年齢、身近な人との死別の経験など、死を意識するきっかけは、それぞれです。日常の生活の中で傍らにあったことが、大きな悲しみや衝撃と共に事実として迫ってくる時があります。それは人生の危機であり、同時に「大切な時」でもあります。私が本当に大事にしたいこと、伝えたいことは何なのだろうか、と問いかけられるからです。

　エンディングノートは、そうした地上の生の「終わり」を意識して記されます。私たちにとって、それは直視することが辛いことかもしれません。祈りによって始めたいと思います。書き進めていく中で、神によって与えられたいのち、賜物、関わりに思いを馳せ、恵みを数える時となることを願いながら。

　エンディングノートは自分で記入していくものですが、一人きりで進めなければならないというわけではありません。相談したり、語り合ったりしながら書き進めていくことで、支えられることもあります。また、人生の中でやりたかったこと、これからのあり方を見定めることにもなるでしょう。そのことによって充実した「今」を生きることにつながります。

　キリスト者の生は「イエス・キリストと共に死に——キリスト共に生きる」（ローマ6・8参照）から始まっています。エンディングノートはいつ書き始めてもよいものですが、主の命に生かされていることを覚えつつ、書き始めるとよいのではないでしょうか。

　このエンディングノートは「未来への言葉」とあるように、過去にとどまらず、一人ひとりの「これから」の信仰生活の道しるべとなることを願って出版されました。キリスト者の生は死で終わるものではなく、神の永遠のうちに新しいいのちを授かるという希望が与えられています。「終わりの中に始まりがある」ことを覚え、ご一緒に進めてまいりましょう。

本書の使い方

❶ このエンディングノートは実務的な記述部分もありますが、自分の人生を振り返りつつ「これから」を考えるためのものです。と同時に、自分がどういうエンディングを望んでいるのかを家族や周りの人に理解してもらうためのものです。

❷ 時の経過と共に自分の考えも変わりますので何度でも書き直すことができます。とりあえず今はこう考えているということを記入してください。

❸ 設問や記述内容などは自分流にアレンジしてみてください。

❹ ページによっては「記入年月日」「修正年月日」が書けるようになっています。後日読み直して考えが変わったら書き換えてください。自分の気持ちが何年間でどう変化したかを知ることができます。

❺
初めから全部を記入するよりも、書きやすいところから気軽に始めてみてください。書けない部分は空白にしたままで次に進んでくださってもかまいません。

❻
このノートはあなたの意志を残された人々に伝えるものですが、法的な効力があるわけではありません。たとえば相続でご自分の意志を確実に残すためには正式な遺言書を残すことをお勧めします。

❼
人生の最後を願ったように迎えることができるかは誰にもわかりません。不慮の事故、災害、病気など、いつ何が起こるか私たちには知り得ません。だからこそ、思い立った今書くことが大事であると思います。

も★く★じ

はじめに　増田 琴　2
本書の使い方　3

第1章　私について　7

　　私の歩み…………8
　　思い出すこと…………10
　　私のこれからについて…………12
　　お世話になった団体（グループ）…………14
　　私の基本情報…………16
　　私の公的書類…………17
　　　　　コラム「自己決定―共決定」（増田 琴）　18

第2章　家族・友人について　19

　　私のつながり…………20
　　大切なあなたへ　贈る言葉…………22
　　大切なペットを預ける…………25
　　　　　コラム「魂の痛みに寄り添う」（増田 琴）　26

第3章　私の信仰について　27

　　教会の思い出…………28
　　愛誦聖句…………30
　　愛唱賛美歌…………31
　　今、私が信仰について伝えたいこと…………32

第4章　老いの日々について　33

重い病気になったら…………34
牧師を呼んでほしい時…………35
介護が必要になったら…………36
認知機能が衰える前に、臓器提供・献体について…………37
　　コラム「死への備え」（増田 琴）　38

第5章　葬儀と埋葬について　39

キリスト教葬儀の流れ…………40
葬儀についての希望…………41
葬儀用の写真…………43
お礼状の文言…………44
埋葬について…………45
埋葬について願うこと…………46

第6章　残すものについて　47

最後の献金と遺言書…………48
物の整理と心の整理…………49
形見分け…………50
デジタルコンテンツ…………51

住所録　52

おわりに　髙橋貞二郎　57

第 1 章　私について

　　わたしの魂よ、主をたたえよ。主の御計(おんはか)らいを何ひとつ忘れてはならない。

（詩編 103・2）

　　　　あなたの御計らいは　わたしにとっていかに貴いことか。
　　　　　　神よ、いかにそれは数多いことか。
　　　数えようとしても、砂の粒より多く　その果てを極めたと思っても
　　　　　　　わたしはなお、あなたの中にいる。

（詩編 139・17〜18）

　聖書によれば、神さまは私たちが生まれる前から私たちのことをご存じで、一人ひとりにふさわしい歩みを用意してくださいました。そして、これまでにも多くの恵みを与えてくださいました。
　まずは、そのような神さまからの恵みに満ちた人生を振り返ってみましょう。その恵みの一つひとつを数えながら、自分の人生を書き出してみてください。

私の歩み 自分の人生の節目となった出来事を書き出してみましょう。
将来に書き足すための空欄も残しておきましょう。

　　　年　　　月　　　歳

　　　年　　　月　　　歳

　　　年　　　月　　　歳

　　　年　　　月　　　歳

　　　年　　　月　　　歳

　　　年　　　月　　　歳

　　　年　　　月　　　歳

　　　年　　　月　　　歳

　　　年　　　月　　　歳

　　　年　　　月　　　歳

　　　年　　　月　　　歳

　　　年　　　月　　　歳

年	月	歳
年	月	歳
年	月	歳
年	月	歳
年	月	歳
年	月	歳
年	月	歳
年	月	歳
年	月	歳
年	月	歳
年	月	歳
年	月	歳

思い出すこと

印象深かった思い出を具体的に描写してみましょう

- 生い立ち
- 家族や友人のこと
- 学校のこと
- 職場のこと
- 家庭のこと
- 楽しかったこと
- 苦しかったこと
- 趣味
- 打ち込んでいたこと
- その他のエピソード

私のこれからについて

これからやりたいこと

これから行きたい場所

未来の自分へのメッセージ　Ⅰ

未来の自分へのメッセージ　Ⅱ

お世話になった団体（グループ）

あなたの生活を彩った諸活動。ボランティア団体、趣味のサークル、地域活動などなど

（退会の手続き等の連絡　要・不要）

名前　　　　　　　　　　　　　　　　　　　　連絡／要・不要
活動内容
窓口（担当者名）
電話
メールアドレス
URL（サイト）
（一言の感想）

名前　　　　　　　　　　　　　　　　　　　　連絡／要・不要
活動内容
窓口（担当者名）
電話
メールアドレス
URL（サイト）
（一言の感想）

名前　　　　　　　　　　　　　　　　　　　　連絡／要・不要
活動内容
窓口（担当者名）
電話
メールアドレス
URL（サイト）
（一言の感想）

名前	連絡／要・不要
活動内容	
窓口（担当者名）	
電話	
メールアドレス	
URL（サイト）	
（一言の感想）	

名前	連絡／要・不要
活動内容	
窓口（担当者名）	
電話	
メールアドレス	
URL（サイト）	
（一言の感想）	

名前	連絡／要・不要
活動内容	
窓口（担当者名）	
電話	
メールアドレス	
URL（サイト）	
（一言の感想）	

私の基本情報　私の情報を整理してみましょう

私の名前　　　　

　　（旧姓）　

生年月日　　　　　　　年　　　月　　　日

　　出身地　

本籍地

現住所

電話番号（固定）
　　　（携帯）

メールアドレス（パソコン）
　　　　　（携帯）

勤務先など
　　（住所）
　　（電話）

所属教会名
　　（牧師名）
　　（住所）

　　（電話・メールアドレス）
受洗年　　　　　　　年

受洗教会名
　　（所在地）

私の公的書類

　　　　　　　　　　　　　　　　　種類・記号・番号ほか

マイナンバーカード

健康保険被保険者証

後期高齢者医療被保険者証

介護保険被保険者証

運転免許証

年金基礎番号

　　その他の年金の種類と番号

パスポート

コラム

自己決定―共決定

　エンディングノートは自分の意志を周囲に伝えるものです。それは「死」を意識する際にだけではなく、認知の問題などが出てきた場合にも必要となることです。教会生活を継続したいと願っているけれども礼拝出席が困難になった……、でも、最後まで教会のことを支えたいという思いがあるかもしれません。そういう場合にも、本人の意志が伝わっていれば尊重されるでしょう。エンディングノートは法的な拘束力はありませんが、ご自身の意志を伝える大切な機会です。このノートの存在を周囲の方に伝えておきましょう。

　看取りを経験された方々とお話しすると、最期の迎え方について「本当にこれでよかったのだろうか。むしろ苦しめてしまったのでは……」という悔いや自責の念を持っておられる方がいます。医療の進んだ現代では、死を迎えるに際して大きな課題も生まれてきました。余命の告知、延命治療や死の判定といった生命倫理に関することを考えておくことも意味のあることです。献体について家族と相談し手続きをする場合もあります。いずれにせよ、本人のみならず家族や周囲の人と意志疎通を図り、了解を求めておくことが求められるでしょう（共決定）。

　本人の意志が示されることで、周囲の人々も「その人の生き方、死の迎え方」として尊重し、受け止めてもらえることができると思います。

（増田 琴）

第2章 家族・友人について

人が独りでいるのは良くない。彼に合う助ける者を造ろう。

（創世記 2・18）

　神さまはあなたに「共に生きる人」を与えてくださいました。その存在によって、あなたの人生はどんなに豊かになったことでしょう。

　出会いを与えられた方々について、感謝のうちに振り返って名前を書いてみましょう。またその方々に最後の手紙を書くつもりで、「贈る言葉」を記してみましょう。

私のつながり

私という一人の人間に与えられた人とのつながりをリストにしてみましょう。

家族・親族・友人・お世話になった人・影響を受けた人……。いろいろな出会い、関係があります。それぞれに名前と関係を書き込んでみましょう。（住所録は巻末にあります）

例：出版局太郎（大学時代の友人）

家族●名前＆関係

1	
2	
3	
4	
5	
6	
7	
8	
9	

親族●名前＆関係

1		13	
2		14	
3		15	
4		16	
5		17	
6		18	
7		19	
8		20	
9		21	
10		22	
11		23	
12		24	

友人その他 ●名前 & 関係

1	23
2	24
3	25
4	26
5	27
6	28
7	29
8	30
9	31
10	32
11	33
12	34
13	35
14	36
15	37
16	38
17	39
18	40
19	41
20	42
21	43
22	44

大切なあなたへ　贈る言葉　　家族へ、お世話になった人へ、友人へ

贈る言葉は、受け取る人の負担にならないように配慮しましょう

大切なペットを預ける

ペットも家族の一員。安心して預けるために

名前・種類・生年月日

血統書の有無、保管場所

いつものエサ、好きなエサ

避妊・去勢手術

かかりつけの病院名、連絡先

ペット保険、その他

名前・種類・生年月日

血統書の有無、保管場所

いつものエサ、好きなエサ

避妊・去勢手術

かかりつけの病院名、連絡先

ペット保険、その他

コラム

魂の痛みに寄り添う

　キリスト者は「わたしは復活であり、命である。わたしを信じる者は、死んでも生きる」（ヨハネ11・25）という信仰によって、生きている時も死ぬ時も主なる神のみ手の内にあると信じていますが、死にはやはり恐れや悲しみが伴います。私たちが死を意識する中で、「生きてきた意味はあったのだろうか」と人生の意味を問い、「自分がおかしたことは赦されないのでは」という罪責感にとらわれることもあります。「死後はどうなるのか」という死生観に関わる疑問も生じるかもしれません。

　そうした「魂の痛み」（スピリチュアル・ペイン）に対して、キリスト教では罪の赦しが与えられ、私たちの生においても死においても、また死のかなたにおいても神の愛の内に置かれていることが約束されています。エンディングノートを書くことで、私を支える信仰の世界の豊かさへと導かれることを望みたいと思います。

　愛する者の死は、遺される家族や関わりのあった人たちに喪失の痛みを引き起こします。キリスト教の看取り、葬儀は宗教儀礼であるにとどまらず、遺された方々の悲しみの作業（グリーフ・ワーク）を共に祈り、支えるものです。その中で、本人の言葉は何ものにも代えがたい、大きな支えとなるでしょう。エンディングノートは、愛する人たちへのあなたからの大切な手紙、ラブレターです。それはあなたが生きた証しであり、贈り物です。愛する人たちが「その後」を生きて行く力となるように、と。

（増田 琴）

第3章 私の信仰について

最も大切なこととしてわたしがあなたがたに伝えたのは、
わたしも受けたものです。
すなわち、キリストが、聖書に書いてあるとおり
わたしたちの罪のために死んだこと、葬られたこと、また、
聖書に書いてあるとおり三日目に復活したこと、……。

（Ⅰコリント15・3以下）

　愛する方々に、あなたの信仰を証しとして残しませんか。
　家族・友人であっても自分の信仰について語るということはなかなか難しいものです。むしろ日常を知る親しい関係だからこそ語りづらいものなのではないでしょうか。でもそうした壁も、文書にしておけば越えることができます。
　このエンディングノートに、あなたの大切な思いとしてご自分の信仰について、また信仰生活について書いておきましょう。

教会の思い出

初めて教会に行ったのは　　歳の時、そのきっかけは……

信仰をもったのは　　歳の時、その時の気持ちは……

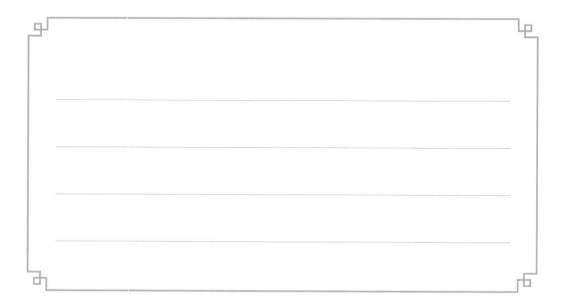

信仰生活で受けた恵み

愛誦聖句

聖書の言葉

その言葉が好きな理由

聖書の言葉

その言葉が好きな理由

愛唱賛美歌

賛美歌の曲名と曲番号

その賛美歌が好きな理由

賛美歌の曲名と曲番号

その賛美歌が好きな理由

今、私が信仰について伝えたいこと

第4章 老いの日々について

同じように、わたしはあなたたちの老いる日まで
白髪になるまで、背負って行こう。わたしはあなたたちを造った。
わたしが担い、背負い、救い出す。

（イザヤ書 46・4）

　治癒の難しい重い病にかかったとして、どこまで医療を受けることを、あなたは願っているでしょうか。尊厳をもって人生を終えるためにご自分の思いを書き残しておくなら、いざという時、家族や医療関係者があなたの意志を尊重してくれるでしょう。このノートがそのための大切な資料になります。

　またもし認知症になったら、どなたに判断を任せたいでしょうか。
　たとえば、財産管理については「成年後見制度」があります。
　「ひとりで決められるうちに、認知症や障害の場合に備えて、あらかじめご本人自らが選んだ人（任意後見人）に、代わりにしてもらいたいことを契約（任意後見契約）で決めておく制度」（厚生労働省のホームページより）が「任意後見制度」です。詳しくは以下のホームページをご覧ください。
　https://guardianship.mhlw.go.jp/personal/type/optional_guardianship/

　地上の生涯の完成に向けて準備をしておきたいと思います。

記入日	年	月	日
修正日	年	月	日
	年	月	日

重い病気になったら

告知に関する希望（告知しないでほしい、すべて伝えてほしい、病名のみ伝えてほしい、余命のみ伝えてほしい、私一人に伝えてほしい、家族と共に伝えてほしい等）

あなたの考え：

治療に関する希望（できる限りの延命治療を希望する、延命治療よりも緩和ケアを希望する、家族の判断に任せる、ホスピスに入れてほしい、〔　　　　　　　〕さんの判断に委ねたい等。決められない場合はその思いも伝える）

あなたの考え：

記入日　　年　　月　　日
修正日　　年　　月　　日
　　　　　年　　月　　日

牧師を呼んでほしい時

祈ってほしい時、病床礼拝や病床聖餐（クリスチャンの大切な恵みの機会です）を受けたい時、信仰の悩みを相談したい時などに、私が牧師を呼んでほしいと求めたら、下記に連絡してください。また、私の容態が悪化して危機を迎えた時も連絡してください。

牧師連絡先

　　牧師の名前

　　牧師の携帯電話番号

　　教会の電話番号

その他、もしもの時に連絡してほしい人

　　　　　　　さん（連絡先）

　　　　　　　さん（連絡先）

　　　　　　　さん（連絡先）

記入日	年	月	日
修正日	年	月	日
	年	月	日

介護が必要になったら

どこで生活したいか（自宅で暮らしたい、高齢者ホーム等の介護施設・病院に入りたい、判断を家族に任せる、等）

あなたの考え：

介護に関する費用（□のいずれかにチェックを入れる）
　　□預金から
　　□保険から　　　保険会社名
　　　　　　　　　　保険の種類
　　　　　　　　　　連絡先番号・担当者

その他の希望

記入日	年	月	日
修正日	年	月	日
	年	月	日

認知機能が衰える前に　（□のいずれかにチェックを入れる）

認知症などで、自分で判断ができなくなった際の意志決定や財産管理について、

　□下記の人の判断を尊重してほしい
　　氏名　　　　　　　　　　　　　　　関係

　　連絡先

　□成年後見制度を利用したい
　□家族に任せる
　□その他

臓器提供・献体について　（□にチェックを入れる）

脳死状態になったら（臓器提供を望みます、臓器提供を希望しません）
　　あなたの考え：

　　□運転免許証、健康保険証などに意志表示を記しています。

脳死状態になったら（角膜提供に同意します、角膜提供に同意しません）
　　あなたの考え：

　　□アイバンクに登録済みです。
　　　登録カードの保管場所は（　　　　　　　　　　　　　　）

死後の献体の登録をしている場合
　登録先

コラム

死への備え

　死を迎えることの大きな痛みは孤独です。キリスト教では牧師が病床を見舞い、共に祈り、イエス・キリストにある慰めを語ります。訪問して聖餐式が行われる場合もあります。危篤の報を受けて祈り、臨終に際しては「枕頭(ちんとう)の祈り」をささげます。

　こうした魂の看取りは「スピリチュアル・ケア（魂への配慮）」として、一般的にも求められるようになりました。病による余命が告知されることが一般化している中で、病や人生の意味を深く問いかけ、祈ることは看取りの大切な事柄です。介護をしている方々にとっても、傍らで祈ってくれる存在があることは大きな支えとなります。「高齢になって教会に行けなくなったから」「忙しいのに来ていただくのは……」と訪問を遠慮される向きもありますが、牧会（魂への配慮）の継続の上に死を迎えることに心を留めましょう。

　キリスト教信仰によって生き、また葬儀を行いたいと願う時、どのような備えをすればよいのかを本人が知っておくと同時に、とくに家族がキリスト者でない場合は、「葬儀は教会で行ってほしい。病気、危篤、死去の場合はただちに牧師に連絡してほしい」旨を伝え、明記しておくとよいのではないでしょうか。

　キリスト教の葬儀は復活の信仰によって行われます。家族、関係者にとっては、葬儀で語られる聖書の言葉、賛美歌、祈り、式辞によって死別の悲しみを分かちあい、癒やす（グリーフ・ケア）機会にもなることを覚え、備えることができればと思います。

（増田　琴）

第5章 葬儀と埋葬について

**間もなくわたしは、先祖の列に加えられる。
わたしをヘト人エフロンの畑にある洞穴に、
先祖たちと共に葬ってほしい。**

（創世記 49・29）

「私は聖書の神さまを信じ、地上の生をまっとうした」。

葬儀は、このことを、愛する方々に伝える大切な機会です。どのような葬儀にしたいのか、よく考えてみましょう。

例えば葬儀の香典・御花料(おはなりょう)はどうしましょう。辞退するか、受け取るか。受け取った場合、返礼品はどうするか。受け取った香典・御花料を、あなたと関わりの深かった団体や施設などに献金することも考えられます。

ここに、あなたの希望を具体的に書き遺しておくことは、残されたご家族や教会の友人たちにとって、あなたの葬りの業を進めるための、もっとも大切な指針になるでしょう。

キリスト教葬儀の流れ

　一口にキリスト教葬儀といっても、教会だけでなく一般のセレモニーホールなどを会場に行う場合もあります。また最近はごく内輪の家族葬にするケースも増えました。当事者の考え方次第でさまざまな選択が可能となってきました。

　教会での葬儀を希望する場合、多くの教会には「葬儀規定」がありますので、事前に調べておくとよいでしょう。まずは希望する教会と相談することが必要となります。教会には連絡網があり、前夜式、告別式などの手配を任せることができます。出入りの業者なども紹介してもらえます。

　多くの教会は墓地を持っていますので、そちらに納骨をするのかまたは家の墓に納めるのか、それとも樹木葬などにするのか、自分の意志をきちんと伝えておく必要があります。

太字・アンダーラインは日本基督教団「式文（試用版）」に記載のあるもの

（危篤）	近親者、牧師への連絡
枕頭の祈り・臨終の祈り	臨終の枕辺での祈り 臨終に際しては医師による死亡診断書の入手、遺体の衛生処置、清拭、霊安室に安置など
（遺族の準備）	遺体の安置場所の移動（自宅、教会、メモリアルホールなど）、喪主の決定、葬儀社決定、教会関係者への連絡
（葬儀社との打ち合わせ）	葬儀会場、費用、日程、香典返し、火葬場の予約、関係者・友人・知人への葬儀の通知送付、遺影の準備など
納棺の祈り	遺体を整えて納棺する際の祈り
前夜式・前夜の祈り	主に葬式の前夜に行われる集会
葬式（葬送式）	故人を神の恵みに委ねる公同の礼拝
出棺の祈り	葬儀会場・火葬場へ遺体を送り出す際の祈り
火葬前の祈り	火葬に際しての祈り
埋葬の祈り	家に安置した骨を教会の墓地、あるいは家の墓地に納める際の祈り
記念式（記念礼拝）	故人を記念して行われる集い、礼拝

記入日	年	月	日
修正日	年	月	日
	年	月	日

葬儀についての希望

葬儀の方法　（□のいずれかにチェックを入れる）

□葬儀は行わず、すぐに火葬にしてください。
□前夜式・葬送式ともに行ってください。
□葬送式のみ行ってください。
□その他（　　　　　　　　　　　　　　　　　　　　　　　）

葬儀の規模　（□のいずれかにチェックを入れる）

□家族やごく親しい方のみ参列する葬儀にしてください。
□標準的な葬儀にしてください。
□盛大な葬送式にしてください。
□その他（　　　　　　　　　　　　　　　　　　　　　　　）

宗教について　（□のいずれかにチェックを入れる）

□キリスト教で　　その理由（　　　　　　　　　　　　　　）
□その他（　　　　　　　　　　　　　　　　　　　　　　　）

葬儀の場所　（□のいずれかにチェックを入れる）

□教会で（教会名等　　　　　　　　　　　　　　　　　　　）
□自宅で
□葬儀施設で（名称等　　　　　　　　　　　　　　　　　　）
□その他（　　　　　　　　　　　　　　　　　　　　　　　）

葬儀社について　（指定の葬儀社があれば社名、連絡先を記す）

記入日　　年　　月　　日
修正日　　年　　月　　日
　　　　　年　　月　　日

葬儀についての希望

遺影について　（□のいずれかにチェックを入れる）

□希望の写真がある。（右のページ☞）

□家族に任せる。

棺に入れてほしいもの　（もし希望があれば以下に記す）

_____

_____

香典・御花料について　（□のいずれかにチェックを入れる）

□辞退してください。
□受け取ってください。

香典・御花料を受け取る場合、返礼品の希望があれば以下に記す。

お返しはせず、献金する場合には献金先を以下に記す。

献金先

住所

記入日 　年　　月　　日
修正日 　年　　月　　日
　　　 　年　　月　　日

葬儀用の写真

私の葬儀には、この写真を使ってください

この写真のデータの保存場所

	記入日	年	月	日
	修正日	年	月	日
		年	月	日

お礼状の文言

（このノートを読んだ方へ：私の葬儀に際して、以下の文章を読み上げる、あるいは会葬礼状として使うなどにより、参列者の皆さんに私の思いを伝えていただければ幸いです）

	記入日	年	月	日
	修正日	年	月	日
		年	月	日

埋葬について　（□のいずれかにチェックを入れる）

□すでに決まっているので、以下のお墓に埋葬してください。
　（所在地、名称、連絡先など）

_____

_____

_____

□決まっていないので、家族などに任せます。

□現在は未定ですが、希望は下記の場所です。

_____

_____

_____

その他（分骨の希望や分骨の埋葬場所、散骨・樹木葬の希望など）

_____

_____

記入日	年	月	日	
修正日	年	月	日	
	年	月	日	

埋葬について願うこと （墓前礼拝の希望など、なんでも）

第6章 残すものについて

わたしは裸で母の胎を出た。裸でそこに帰ろう。

（ヨブ記1・21）

わたしたちの本国は天にあります。

（フィリピ3・20）

　ヨブ記の言葉には、地上で得た物はすべて神さまの恵みとして与えられたものであること、そしてそれらの物はすべて手放して神さまの元に旅立たねばならないという真理が示されています。それはつまり、地上は仮の住まいであり、本来帰るべき所は天のみ国・神の国であることを証しするのです。

　今まであなたを支えてくれた物に感謝しつつ、それを手放す準備をしておきましょう。それらが、遺された人の争いの元とならないように配慮と工夫が必要です。その配慮に、遺された人に対するあなたの愛が現れます。特にお金に関すること、財産に関することは思わぬ争いを生じがちですから、遺言書として残すか、関係者に思いを伝えておくとよいでしょう。信託銀行の「遺言信託制度」などの利用も考えられます。

最後の献金と遺言書

　遺産相続はあなたが長年にわたって愛し、関わってきた教会や団体に献金する最後のチャンスです。ただし、故人の意志としてはっきり示しておかなければ実現しません。方法としては遺言書に書き記しておくのが一般的です。

　遺言書には「自筆証書遺言書」と「公正証書遺言書」とがあります。「自筆証書遺言書」は本人の自筆による遺言書であり、自宅で保管できます。ただし、自宅に保管した場合は開封時に家庭裁判所の検認が必要です。また、法務省には「自筆証書遺言書」の保管制度があり（https://www.moj.go.jp/MINJI/minji03_00051.html）、その場合は保管時に要件を満たしているかどうかのチェックを受けるので家庭裁判所の検認は必要ありません。

　一方、「公正証書遺言書」は証人2人の立ち会いのもと、公証人が作成し、公証役場に保管されます。

遺言書の1例
「遺言者は、次の財産を遺言執行者（遺言書に執行者を指定しておくことができます）により換価させたうえで、宗教法人○○教会（牧師○○○○、住所東京都○○区○○○○一丁目二番地三号）に遺贈する。
預貯金　○○銀行△△支店　普通預金　（口座番号　○○○○○○○○）」

　他方、信託銀行の遺言信託制度のメリットは、
1、銀行が法律面、税金面をすべてクリアしてくれる。
2、同様に銀行が遺言書の保証人、執行者となってくれる。
3、従って指定の団体にも確実に遺産が分配される。
4、相続争いを未然に防げる。
などです。銀行のホームページ、あるいは窓口で説明を求めることができます。

記入日　　年　　月　　日
修正日　　年　　月　　日
　　　　　年　　月　　日

物の整理と心の整理

　神さまはあなたに大切な家族・友人・知人を与えてくださいましたが、同時にさまざまな物（財産）・生き物（ペットなど）も与えてくださいました。一つひとつは愛着のある大切なものです。まずは簡単なリストを作ってみましょう。

残しておく物（相続）チェックリスト

	生前贈与する	遺言書に書く	その他
土地			
家屋			
預金			
株券			
現金			
その他の資産			

記入日　　年　　月　　日
修正日　　年　　月　　日
　　　　　年　　月　　日

形見分け　　大切にしてきたものを、あの人に

形見の品	遺す相手の名前

記入日　　年　　月　　日
修正日　　年　　月　　日
　　　　　年　　月　　日

デジタルコンテンツ　　大切な写真や記録の保管場所、SNSなどの処理

デジタルコンテンツの扱いについて　（□のいずれかにチェックを入れる）

□一部のデータは保管してほしい。
□すべて消去してほしい。
□プロバイダーなどの契約は解除し、ホームページ、ブログその他も閉鎖してほしい。
□すべて家族にまかせる。

保管してあるデータの内容　　　　　保管場所（パソコン、タブレット、スマホその他の記憶媒体）

☞　　パスワード　　　　ID

☞　　パスワード　　　　ID

☞　　パスワード　　　　ID

☞　　パスワード　　　　ID

☞　　パスワード　　　　ID

住所録

名前	関係

連絡先：
電話：メルアド等

名前	関係

連絡先：
電話：メルアド等

名前	関係

連絡先：
電話：メルアド等

名前	関係

連絡先：
電話：メルアド等

名前	関係

連絡先：
電話：メルアド等

名前	関係

連絡先：
電話：メルアド等

名前	関係

連絡先：
電話：メルアド等

名前	関係
連絡先：	
電話：メルアド等	

名前	関係
連絡先：	
電話：メルアド等	

名前	関係
連絡先：	
電話：メルアド等	

名前	関係
連絡先：	
電話：メルアド等	

名前	関係
連絡先：	
電話：メルアド等	

名前	関係
連絡先：	
電話：メルアド等	

名前	関係
連絡先：	
電話：メルアド等	

名前	関係
連絡先：	
電話：メルアド等	

名前	関係
連絡先：	
電話：メルアド等	

名前	関係
連絡先：	
電話：メルアド等	

名前	関係
連絡先：	
電話：メルアド等	

名前	関係
連絡先：	
電話：メルアド等	

名前	関係
連絡先：	
電話：メルアド等	

名前	関係
連絡先：	
電話：メルアド等	

名前	関係
連絡先：	
電話：メルアド等	

名前	関係
連絡先：	
電話：メルアド等	

名前	関係
連絡先：	
電話：メルアド等	

名前	関係
連絡先：	
電話：メルアド等	

名前	関係
連絡先：	
電話：メルアド等	

名前	関係
連絡先：	
電話：メルアド等	

名前	関係
連絡先：	
電話：メルアド等	

名前	関係
連絡先：	
電話：メルアド等	

名前	関係
連絡先：	
電話：メルアド等	

名前	関係
連絡先：	
電話：メルアド等	

名前	関係
連絡先：	
電話：メルアド等	

名前	関係
連絡先：	
電話：メルアド等	

名前	関係
連絡先：	
電話：メルアド等	

名前	関係
連絡先：	
電話：メルアド等	

おわりに

髙橋貞二郎
学校法人東洋英和女学院副院長、日本基督教団鳥居坂教会協力牧師

メメント・モリ（memento mori）とは。死を覚えて生きることの大切さ

　近年、人生の終わりを見据えた活動を指す「終活」という言葉をよく耳にするようになりました。終活で勧められていることの一つに、エンディングノートの作成があります。エンディングノートの作成は、自分の人生を振り返り、この先さらに充実した人生を送るためにとても役立ちます。皆さんにそのような歩みをしていただきたく、今回『未来への言葉――クリスチャン・エンディングノート』を出版しました。

　ですが、いざエンディングノートを書こうと思っても気が重くなり、途中でペンを置いてしまう人もいるのではないでしょうか。なぜならエンディングノートは、やがて迎えなければならない死を意識させるからです。

　死には暗いイメージがあり、恐怖や不安を感じさせるものがあります。また、愛する人を喪ったことによる悲しみや苦しみを思い出し、エンディングノートを書こうと思っても前に進めなくなってしまう人も少なくありません。

　私は、死については復活の希望の中で考えることが重要だと思っています。聖書に次のようにあります。

　「神は、主を復活させ、また、その力によってわたしたちをも復活させてくださいます」（Ⅰコリント6・14）

　聖書によれば、私たちは復活します。死が全ての終わりではないのです。黙示録には死のあとに祝福に満ちた世界が待っていることが伝えられていますし、愛する人と共に神を礼拝する日がやって来るとも記されています。その復活の希望の中で、エンディングノートを書き進めていただければと願っています。

ところで、中世のヨーロッパでは、あえて死を意識させる「メメント・モリ」（ラテン語で「死を覚えよ」の意味）という思想が広く浸透していました。ある修道院では、あいさつの言葉にもなっていたと言われます。なぜ、そのような思想が広まり、あいさつとなっていたのでしょうか。

　14世紀から17世紀にかけてヨーロッパの農業は低成長時代に入り、幾度も飢餓が訪れ、疫病が蔓延したと言われます。

　特に、1384年に発生した黒死病（ペスト）により、ヨーロッパの人口の3分の1が減ったと言われます。以降18世紀に至るまで黒死病がヨーロッパ全土を襲い、多くの人々が亡くなり、加えて各地で戦争が勃発していきます。人が次々に亡くなっていく中で、死は日常的な存在となっていました。人々は死の不安に怯えていました。

　このような社会的背景を踏まえて、教会は14世紀以降、メメント・モリと訓戒し続けたと言われます。

　メメント・モリは、死を"覚えよ"であり"恐れよ"という意味ではありません。「死があるからこそ、現実の生を楽しみ、その生を楽しむためには一生懸命働け、そして、安らかな死と死後の生を得られるように準備せよ」（平山正実『死と向き合って生きる──キリスト教と死生学』〔教文館〕より）という教えです。

　間違っていただきたくないのは、生を楽しむ＝欲望の赴くままに享楽的に過ごすわけではないことです。「安らかな死と死後の生を得られるように準備せよ」からわかるように、死後を思いながらも、この世で自分にできる最善の言動は何かを真剣に考えて実行していくべきだという勧めです。

　ところでメメント・モリは、昔のヨーロッパの人々だけではなく、現代に生きる私たちの人生をも考えさせる貴重な格言だと言えるでしょう。

　近年パンデミックとなった新型コロナウイルス感染症によって、世界中で多くの人が亡くなったニュースは記憶に新しいところです。また、感染症や病気に限らず、地震、津波、噴火、台風などの自然災害や、事故・事件がいろいろな国・地域で起こっています。明日の命の保証は誰にもありません。それは中世となんら変わりません。ですのでメメント・モリは、まさに現代に生きる私たちにも役立つ格言だと言って良いと思います。

1) 健康だった自分が、ある日がんの告知を受けた

　実は、私も数年前「メメント・モリ」の体験をしました。がんを告知されたのです。

　2021年の2月頃から、今まで体験したことのない背中の痛みが続き、真夜中に痛みで何度も目を覚ましました。夜あまり眠れず、倦怠感(けんたい)もありました。そこで、病院へ行って診てもらったのです。はじめは整形外科で診てもらいました。湿布薬を処方されましたが、何日経っても痛みはおさまりません。

　1か月後、今度は内科で診てもらいました。さまざまな検査のあとドクターから言われました。

　「リンパ腫の可能性があります。他の病院を紹介するので、よく診てもらってください。大丈夫。リンパ腫も上手に治していけるんですよ」

　とても優しい語り口でした。今から思うと、あまりショックを与えないように気遣ってくださったのだと思います。

　数日後、紹介状を持って指定された病院で再検査を受けました。そして、血液内科のドクターから悪性リンパ腫（血液のがん）の罹患(りかん)を告げられました。いわゆるがんの告知です。続けて進行度合いを示すステージも伝えられました。がんは早期に分かれば治せる病気だと聞いていましたが、自分の場合は思ったよりもステージが進んでいました。

　その後、ドクターから治療の説明があり、まずは化学療法（抗がん剤治療）を行い、もしリンパ腫が残っているようならば、さらに放射線治療を加えていく方針となりました。

2) 病気の宣告を聞いて考えたこと

　がんの告知とステージを聞いたあの瞬間を振り返ると、動揺よりも「来るべきものが来たか」という思いが先でした。実は、私の父はがんで天に召されましたが、その時の父の年とほぼ同じになっていたからです。心のどこかで「もしかすると、自分もがんで死ぬかもしれない」と思っていました。

　病院から帰宅して調べたことがあります。それは、自分の病気についてと生存率でした。生存率を知った時、今まで忘れかけていた死がリアルに目の前に現れ、

まさに「メメント・モリ」を突きつけられたようでした。

3）入院生活で感じたこと

当たり前だったことが、実は恵みであった

　診断後、化学療法のために入院しました。入院して、今まで当たり前と思っていたものが決して当たり前ではなく、神からの恵みであったのだとあらためて思わされました。そのいくつかを箇条書きに記します。
- 生きていること（生きていることは決して自明の理ではなく、私は神によって生かされていたのだと実感しました）。
- 家族と対面で語らい、共に食事ができること（入院中はコロナ禍で、家族の面会は許されませんでした）。
- 好きな場所に外出すること（化学療法中は免疫力が著しく下がってしまい、外出ができませんでした。家に帰れず、職場にも行けず、教会の礼拝堂で主日礼拝を守ることもかないませんでした）。
- 食べ物の味を楽しむこと（化学療法によって味覚障害がおこり、味がわからなくなってしまいました。それだけでなく、私の場合は何を食べても食後に苦さが残り、楽しいはずの食事が苦痛になりました）。

　紙面の関係で書けませんが、まだまだ他にも気づきが多くありました。それだけに、退院してから、生きていること、入院中にはできなかったことができるようになった時の感謝と喜びはひとしおでした。

励みになったこと（聖書のみことば、オンライン礼拝、家族や仲間）

　入院中、心の支えや励みになったことがありました。
　まず聖書です。病室に聖書を持って行ったのですが、とにかく聖書のみことばに慰められ、励まされました。入院中は「これから先、どうなるのか」と不安に苛(さいな)まれました。そんな時「心を尽くして主に信頼し」（箴言3・5）の聖句が、今までよりもさらに心に響いてきました。また、一人病院のベッドで孤独を感じた時は「いつもあなたがたと共にいる」（マタイ28・20）の聖句を通して、改めて、どのような時も共におられて語りかけ、平安を与えてくださる主と出会った思いが

しました。まさに「聖書の中において、キリストは私達に出会い、また私どもに語りたもう」(E・ブルンナー『我等の信仰』豊澤登訳、新教出版社)という体験でした。

オンライン礼拝も忘れることができません。病室ではありましたが、心の中で歌う賛美歌、その日に読まれるみことばと語られる説教に励まされました。

家族や仲間の存在にも力づけられました。家族、職場の仲間と会いたい、もう一度学校へ行って生徒に会いたい(私は約25年間キリスト教学校の教師をしてきました)という願いは、辛い治療を耐え、乗り越えさせる力となりました。

死に直面して本当に慰めになったこと(主の十字架と復活による福音)

治療の効果があまり現れず、死を迎えなければならないかと思った時もありました。死に直面してもなお慰めとなったのは、主の十字架と復活によってもたらされた福音でした。

「もし私が死ぬようなことになっても、主が私の罪をあがなってくださっている。また復活させていただける」という信仰はさまざまな不安を払拭し、慰め、未来を見つめる希望と勇気を与えました。

最期にすることがあるとすれば、主の十字架によって自分の罪は赦され、すでに神に受け入れられている事実をあらためて心に留め、その事実を受け入れることではないでしょうか。それは人に真の平安を与えるものだと思います。

4) 経過観察になった今、感じていること

現在、治療を終えて経過観察を続けています。今、感じていることの中から三つほど記してみたいと思います。

まず、しみじみ感じているのは、神が与えてくださるすべての出来事に、意味があるということです。無駄なものはありません。神が与えられるものは、たとえ私たちの目に否定的と見えても、多くを学ばせ、成長させてくださるきっかけと言えます。

二つ目は、感謝です。親身になって治療に携わってくださった医療関係者の皆さま、祈ってくださった方々、「復帰を待っています」と言ってくれた同僚、その他に励ましてくださった多くの人たち、化学療法の副作用で苦しむ時も支えてくれた家族、そして何よりも貴重な体験を与えてくださった神へ感謝の思いが深

まっています。

　三つ目は、やりたいこと、やっておきたい事柄がより明確になり、それらについて先送りにせず、すぐにやろうと考えるようになりました。以前はやっておきたいことであっても「いつかやろう」「いつかできるだろう」と思い、先送りする傾向がありました。ですが、考え方が変わりました。すぐに取り組めなくても時をよく用いる意識が高まったように感じています。

　このエンディングノートの作成が、メメント・モリのチャンスであり、充実した人生を送るチャンスになる。

　がんの告知によるメメント・モリの体験は、私のその後の人生に大きな影響を与えています。経過観察になったと言っても、病気が完治したわけではありません。いつ、再発するかわかりません。その意味で、日々メメント・モリの生活です。だからこそさまざまな出来事への感謝の思いが深まり、地上での残された時間で何をすべきかが以前より明確になっています。

　死を見据えた時に、すべきこと、やっておきたいことが明確になるのは、私だけではないと思います。私のようにがんの告知を受けなくても、このエンディングノートの作成によって、メメント・モリを体験できます。そして、それは充実した人生を送るチャンスになることでしょう。ぜひ、このエンディングノートを活用して、さらに豊かな日々をお送りいただければと願っています。

　最後に今回の出版を企画しさまざまな準備をしてくださり、「あとがき」を依頼してくださった土肥研一先生（日本基督教団目白町教会牧師）、本書の内容のご相談に乗ってくださり「はじめに」をご担当くださった増田琴先生（日本基督教団経堂緑岡教会牧師）、復帰を待っていてくださった東洋英和女学院の増渕稔理事長・院長並びに教職員と生徒の皆さん、治療中励まし祈り続けてくださった日本基督教団鳥居坂教会の野村稔先生（主任牧師）と教会員の方々、編集・出版に携わってくださった日本キリスト教団出版局の伊東正道氏に御礼を申し上げます。また、どのような時も寄り添い支え続けてくれた妻と娘たちに感謝したいと思います。

　　　　　　　　　　　　　　　　　　　2024 年　イースターの朝に

髙橋貞二郎（たかはし・ていじろう）

1963年、東京都に生まれる。東京神学大学大学院修士課程修了。日本基督教団富士見町教会伝道師、牧師を経て、現在、学校法人東洋英和女学院副院長、学院宗教部長、中学部高等部聖書科教諭、東京神学大学非常勤講師、日本基督教団鳥居坂教会協力牧師。趣味はスキー、ギターなど。

監修・共著：『聖書と子どもたち──みことばを届けるために』（聖公会出版、共著）、『10代のキミへ──いのち・愛・性のこと』（日本キリスト教団出版局、監修）、『でも大丈夫。神さまがいつもいっしょにいて守ってくださるから。──大切な人を失ったとき』（日本基督教団鳥居坂教会、文を担当）

増田 琴（ますだ・こと）

東京都生まれ。東京神学大学大学院修了後、日本基督教団国立教会、札幌教会での牧会を経てキリスト教主義フリースクールで働く。その後、氏家教会牧師、同附設幼稚園園長、巣鴨ときわ教会牧師を経て、2015年より、経堂緑岡教会牧師。聖公会神学院、放送大学、東洋英和女学院大学、恵泉女学園中学高等学校聖書科で非常勤講師を務める。好きなことは歌うこと。

著書『マルコ福音書を読もう』（日本キリスト教団出版局）

共著『キリストの復活──レントからイースターへ』（キリスト新聞社）、『牧会ってなんだ？──現場からの提言』（キリスト新聞社）、『洗礼を受けるあなたに──キリスト教について知ってほしいこと』（日本キリスト教団出版局他）

共訳『みんなで輝く日が来る──アイオナ共同体賛美歌集』（日本キリスト教団出版局）、『Thuma Mina つかわしてください──世界のさんび2』（日本キリスト教団出版局）他

カバーアートディレクション　細山田光宣
カバーデザイン　鎌内文

聖書の引用は、『聖書　新共同訳』（日本聖書協会）に基づいています。

未来への言葉　クリスチャン・エンディングノート

2024年9月25日　初版発行

監修　髙橋貞二郎、増田　琴
編集・発行　日本キリスト教団出版局
〒169-0051　東京都新宿区西早稲田2丁目3の18
電話・営業 03(3204)0422、編集 03(3204)0424　https://bp-uccj.jp
印刷・製本　ディグ

ISBN978-4-8184-1171-5 C0016　日キ販
Printed in Japan

日本キリスト教団出版局の本

信仰生活ガイド
信じる生き方
増田 琴 編

四六判、128頁、1300円

信仰生活を送るにあたって踏まえておきたい記事14本を収録。礼拝の喜びや日々の祈りの心構え、聖書の読み方から、悲しみとの向き合い方、多宗教社会における信仰生活のあり方、隣人と共に生きる姿勢まで。

すべての人が経験する老い。人生の完成に向けたその道を、信仰の希望をもって生きていくための道案内。認知症や介護、高齢者施設、さらには葬儀の備えも含め、十数名の著者が多角的にわかりやすく説き明かす。

信仰生活ガイド
老いと信仰
山口紀子 編

四六判、128頁、1400円

老いと祝福
石丸昌彦 著

四六判、216頁、2200円

老いを恐れることはない。「時を経ても古びないもの、時を超えて新しいもの」をクリスチャンの精神科医がさまざまな側面から提言。超高齢社会での老いのありようを掘り下げ、健やかな日々を過ごすコツを伝授。

死は忌避するものではなく「神に愛された者」として成長していくためのステップだ。聖書の視点で死とケアを考える『最大の贈り物』と、自身の臨死体験を経て死について思索した『鏡の向こう』を収録。

ナウエン・セレクション
死を友として生きる
ヘンリ・ナウエン 著
廣戸直江ほか 訳
中村佐知 解説

四六判、192頁、2200円

ナウエン・セレクション
老い──人生の完成へ
ヘンリ・ナウエン／
ウォルター・ガフニー 著
原みち子 訳
木原活信 解説

四六判、144頁、1800円

ナウエンが老いを語る。福音の光に照らす時、老いは、隠したり否定したりすべきことではなく、人生の完成に向かう成長の道のりであることがわかる。高齢者を世話（ケア）することの深い意味をも明らかにする。

価格は本体価格です。重版の際に変わることがあります。